重新出發

VII

總幹事的話

總幹事的話

放送正能量

香港飽受疫情困擾逾兩年，整個社會瀰漫著低沉氣氛。這些日子，學生面對停課與各種防疫安排，生活充滿變數，讓很多家庭也承受極大壓力。當成年人也自顧不暇，需要扶助成長的青少年，更容易感到迷失和焦慮。不論成年還是年輕人，彼此都需要多一點正能量。

今年「重新出發·青年嘉許計劃」2022 的主題為「激活正能量」。正能量，指的是一種健康樂觀、積極向上的動力和情感，是每個人面對生活不可或缺的心理質素。假如青年在成長期間沒有足夠的正能量，便會欠缺自信、缺乏學習動機，難以發展個人所長。再者，若青年思想負面，便更容易被灌輸不正確的價值觀，嚴重者更會行差踏錯。

是項計劃希望藉著分享青年的真實故事，讓大眾了解他們在逆境中失去正能量的遭遇，並可幸在跌倒後，得到身邊人的正面影響，重拾生命的可能性。今年獲嘉許的八位青年，有人因家

境困難而偷竊、有人因一時衝動而傷人、也有人在不良戀愛關
係中迷失自我。我們特意邀請他們以繪畫表達心聲，藉此讓讀
者明瞭其想法。

繪畫除了可表達心情，亦是紓壓的好方法，書中特意加插幾
「藝術小空間」，期望讀者陪伴青年經歷心路歷程之餘，也透
過繪畫給自己一些空間，安靜與自己對話。在這個不容易的
時代，我們亦盼望大眾能對青年多加鼓勵，給予他們支持與陪
伴，扶助他們步向快樂光明的人生。

香港青年協會總幹事
何永昌先生
二零二二年五月

會長的話

會長的話

近年在疫情的影響下，社會大眾都出現抗疫疲勞，亦充斥著負能量。縱使面對著這狀況，我們仍然要堅毅地走下去。在今年「重新出發‧青年嘉許計劃」中的八位得獎青年，即使面對生活中的困境，仍能堅毅地活出自己。

即使受疫情影響，荃灣獅子會仍能於第五年繼續支持「重新出發‧青年嘉許計劃」，希望藉「夢想基金」和頒獎禮嘉許努力改進的犯罪違規青少年。數年來，見證著不少年青人得獎後善用資助增值自己，逐漸步近理想，我也感到欣慰。

今年「重新出發‧青年嘉許計劃」的主題是「激活正能量」，正正因為疫情持續影響，我們更需要「正能量」的加持。八位得獎年青人經歷誤入歧途後而改變的故事所帶出的意義，亦勉勵我們無論遇到甚麼困難，總是能度過的，人生始終有希望。他們的改變故事就是我們正能量的來源。

在今年的遴選過程中，我亦能參與評審工作，成為聆聽者之一，了解他們的故事與心聲。他們的每一個故事都是獨特的，參與青年亦願意分享他們的故事。作為聆聽者，最動聽的環節是他們改變的轉捩點，包括家人、老師、社工的支持和人生反思等，每一個故事都在我腦海記憶中。

透過這些故事，我們也很希望藉此鼓勵社會上仍然迷失的青年能夠積極面對生命，激活起自己的正能量。最後，大家緊記不要吝嗇你的「正能量」，正能量是能夠傳染的，你的一句鼓勵說話，往往就是他們路上的明燈，引領他們走出黑暗，踏上正確的人生路，讓青年能夠「重新出發」。

荃灣獅子會會長
施禮賢先生

目錄

01

我要向前跑

人生無論遇到甚麼事，
一切都是最好的安排，
好的事情會在後面等你。

我要向前跑

跑步，可以是專業運動、也可以是強身健體的休閒興趣，然而，跑步最原始的原因，可能是逃生的本能。在周末的旺角街上，翔仔跑得很快，為了逃脫背後幾個追著他的人，以為擺脫了那些人，就能逃脫他鬱結的日子。

從一杯雪糕開始

在這個眼花繚亂的世界，人人也有自己想要的東西，卻不是每個人都買得起，翔仔現在不用再問「為甚麼別人有但我沒有」，因為翔仔開始相信，拿上手的東西就是自己的了。

自從小學三年班起，翔仔開始在同班同學的比較下，知道自己長處不在學業，但在跑步和運動上，他卻總是領先過人。當時他沒多想跑得比別人快代表甚麼，但總覺得這是一件好事，他也愈來愈喜歡跑步。翔仔的父母沒有多管束他，他與很多在公屋長大的小孩子一樣，沒事做便和球場認識的小孩一起打發時間，後來，他們除了組隊一起踢波，還會合作做其他更「好玩」的事情。

某個大暑天，球場上的孩子熱得汗流浹背，很想吃一杯冰凍的雪糕。然而，便利店的零食都很貴，孩子們的零用錢不多，就算想吃，也只能羨慕地看著別人。翔仔常在便利店門外等待朋友，誰知他看見朋友進入店後，拿了一杯雪糕，轉身便走出店外與翔仔會合。翔仔當時想都沒想過，原來這樣拿東西不付錢，甚麼事也沒有。朋友的動作很輕鬆，輕鬆得像這只是小事一樁。就這樣，他對這種不勞而獲的感覺好奇，慢慢更上了癮。

起初只是偷一些吃的，後來是日用品，從超級市場去到服裝鞋店，他們愈偷愈多，也愈偷愈貴。有一次，他看中了一對很喜歡的鞋，但店門口站著一名保安員，他看了很久也不捨得放下鞋子，當保安員終於行開的一刹那，他便衝出去，不停跑不停跑，保安員追不上他，他終於在街尾上了的士逃走。偷東西的成功次數多，膽子也更大。由一個人偷，變成三五成群互相掩護，朋友間更開設了一些專門為「行動」而設的群組。他們愈來愈熟手後，便想到不如用這些技巧來生財。翔仔想賺錢，但

當時還是初中生的他沒辦法工作，便把偷回來的東西變賣。身邊有些人會偷別人的錢包和電話，但街上那麼多人，很容易被發現，旁人也會幫忙捉賊，風險太大，翔仔不會這樣做。他想，偷店舖的東西好像對他人影響較少，雖然心底知道是不對，但他真的需要錢。

跑，不斷跑

雖然年紀小，但他們已經很有計畫地行事，甚至開始「職業化」，不再隨意地偷，而是接訂單去偷東西。當收到有人想要某樣商品，他便會偷回來，再以一半價錢售給對方。當時一條屋邨有好幾個偷竊群組，因為有些東西一個人很難偷，例如波鞋。鞋子通常只會陳列一隻，要得到一對鞋，先要向店員假裝試鞋，然後拍檔便幫忙支開店員，當店員不留神，翔仔便把一對鞋抱在手中拔腿就跑。

偷東西其中一個要訣，就是要跑得快，只要跑得夠快，便不會被當場捉到。翔仔試過好幾次，店員追在他後面，他手上抱著鞋子不顧一切地向前跑，最終都能擺脫追捕者。

就這樣，幾乎整條旺角波鞋街的店員也認得他們，他們便去尖沙咀，最誇張的一次試過一行五人，每人也拿著一對幾千元的波鞋，一走出店外便向不同方向拔腿就走，店員立即追出來，但最終也捉不到他們。後來幾乎附近每間大波鞋店他們都試過，他們就偷其他東西，例如手錶，手法也是重施故技，假裝試錶，然後把東西搶走。

雖然翔仔這麼多次都跑得掉，但總不會人人也那麼幸運，他身邊的朋友，有人偷錢包被「斷正」，有人試過逃跑走時被店員當場拉住，不久之後，身邊的同學開始一個接一個被捕。起初吸引他偷竊的原因是他覺得被捉到的後果不太嚴重，因為身邊的朋友只需警司警誡，好似沒甚麼大不了，但當真正面對被捕風險時，原來自己害怕得要命。當時翔仔晚晚也做惡夢，很擔心之前做的事會被查出，半夜也會驚醒，無法熟睡。他心中卻有另一把聲音告訴自己，反正遲早一天會被捕，不如繼續偷下去。

▲ 翔仔說，那時候的四周都是黑暗的，只有一點光，但照亮不了他的世界。

不一樣原因

很多青年偷東西為了好玩刺激，或是為了享用奢侈品，金錢通常不到兩天就花光。當時讀中一的翔仔，偷東西變賣得來的錢沒有像其他朋友一樣亂花，他的朋友會吸煙、飲酒，甚至吸毒，但他一樣也不做。翔仔把錢都省下來，是為了未知的生活作準備。翔仔的父母收入不多，爸爸卻因為不良嗜好，常常把錢用光，媽媽打算與爸爸離婚。翔仔說，這個家隨時要塌下來，媽媽又要照顧年幼的弟弟，當媽媽離開後，他便得靠自己。儲下的金錢，是為了等爸爸出狀況時，能自己維持一日三餐，不用那麼彷徨，也幫輕一下母親。想到這些，他每次都能跑得更快，他跟自己說不可以被人捉到。

可是，他最害怕的一天終於到來。有一次，他放學後與朋友一起到商場店舖偷手錶，事成之後，其中一人回到那商店裝作無事地購物。老闆認得那個人，立即翻查閉路電視報警將他拘捕。由於閉路電視也拍到他們的同伙，那人向警察供出同案的人，翔仔就是其中一個。

來到警署，翔仔最害怕通知家人，因為母親知道他犯罪會十分傷心。媽媽當時一句也沒有責怪翔仔，只是在警署抱著他哭起來，一邊自責地說：「都是我的錯，沒有教好兒子。」聽見媽媽的話，翔仔十分內疚。他很後悔自己做的事讓父母受到牽連。這時他深深反省，明白到無論做甚麼決定，也不只影響自己一個人。他暗下決定，當日後做任何事，也要先想想家人，

這樣便不會做錯事。他也乖乖答應母親,以後會跟媽媽商量回家時間,也會告訴媽媽行蹤。他沒有把這些管束當作懲罰,反而明白是自己做錯了事,便要負該負的責任。

翔仔不再偷竊,但生活依然充滿不安,不久之後父母離婚,媽媽帶著弟弟到外婆家住,他留在爸爸身邊。當時家中經濟拮据,學校需要繳數千元費用,爸爸讓他找媽媽,媽媽又叫他問爸爸。翔仔唯有自己想辦法,當時他已到合法工作的年紀,可以做不同的兼職,他會去送外賣,又去快餐店工作,雖然很辛苦,但這些是正當的錢財,不用擔驚受怕。那個月他放學便去做兼職,每天做到凌晨才回家,一個月後終於儲夠錢,過了一道難關。

人生的跑道

翔仔因偷竊被捕而需要面對警司警誡，他卻很感恩有這一段過去，除了讓他反省自己，也認識了一些願意幫助他的警察義工。他跟隨義工參加跑步活動，這一次他不再為逃避追趕而跑，而是在運動場上，一邊享受跑步，一邊思考跑步的意義。

「這段時間我成長了，從前我很怕蝕底，只會一支箭跑第一，做最快的一個，但原來長跑不是這樣的，阿 sir 為我訂下目標，用幾個月時間去訓練，真的要肯捱，不是一朝一夕的事。」為了鼓勵翔仔，阿 sir 答應如果他達成目標便送他一份想要的禮物，最後他做到了。這次，翔仔正當地得到想要的東西，感覺十分實在，也很快樂。他說「偷東西是不義之財，有得便會有失，要為所做的事去還。」

在義工的開導和幫助下，翔仔有很多想法都不一樣了，以前的他不懂得為別人著想，現在他希望自己也能幫助別人。面對生活，他也變得更會為長遠的未來打算。他記得阿 sir 說，要做好自己，保持自己在好的狀態，才能好好把握人生的機會。去年，他完成了 DSE 課程，不喜歡讀書的他，在考試前努力在自修室溫習，即多次想要放棄，但也堅持下去，最終考到比預期好的成績。現在他計劃繼續讀書，未來投身保險行業。

他說很感謝警司警誡，讓他現在有機會正確地思考，不再想旁門左道。人生是一場長跑，不能靠走捷徑去成功，如今翔仔找到正確的路，好好為未來努力。他也很感謝沿路幫助過他的人，一步步帶他走回正確的路，他相信：「人生無論遇到甚麼事，一切都是最好的安排，好的事情會在後面等你。」

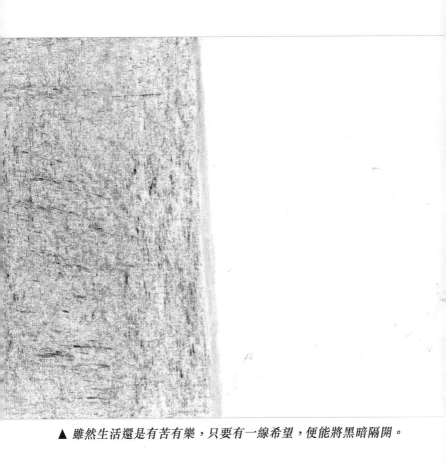

▲ 雖然生活還是有苦有樂，只要有一線希望，便能將黑暗隔開。

02

百折不屈

做人要腳踏實地，
世上沒有捷徑。

百折不屈

在跆拳道競技中，選手在空中一轉，一個俐落的踢腿把對手擊個痛快。在比賽中，要取得勝利不止進攻，更重要是沉重忍耐，堅守自己的節奏，不要自亂陣腳。阿聰自小練習跆拳道多年，在中學時曾在公開比賽獲得冠軍。每一個學習跆拳道的人也知道，跆拳道的核心精神是「禮義廉恥，忍耐克己，百折不屈」。然而，當人生出現誘人的捷徑，可能會忘記了一些重要的基本步。

自由的代價

「早晨，我是 1A 班何智聰的父親，他今天有點不舒服，要請假。」電話聽筒背後其實不是爸爸，而是把聲線壓低了一點的何智聰同學。通話結束後，智聰的心跳得很快，說謊的感覺既刺激又讓人緊張。

一通兩分鐘的電話為智聰換來一天的自由。他如常換上校服出門假裝上學，出門後智聰會合其他用同一個招數請假的同學，一起出去玩。這個方法也是這一班同學教他的，智聰有點害怕父親，心想被父親知道自己逃學一定會大難臨頭，於是同學便教他這個「絕招」，以為可以瞞天過海。

當然，學校很快便發現了智聰假扮家長請假的事，智聰被父親痛打了一頓。慢慢地，愈長愈高的智聰開始覺得被爸爸打也不是那麼可怕，他開始有力氣擋回去後，便不再害怕父親。於是，他索性不再裝病，直接逃學。從那時開始，即使他逃學，甚至離家出走，爸爸也再拿他沒辦法。

他只知道，讀書考試很煩，他只想擺脫一切煩惱。外面的世界的確比學校好玩很多，沒有沉悶的課堂，即使只是與朋友無所事事地聚在一起，他也感到自由和放鬆。連他從小到大練習的跆拳道，也因為常常和朋友一起玩而沒有去訓練，不能再參加比賽。

升上中五不久，智聰告訴父母自己不喜歡上學，決定提早出社會工作，爸爸媽媽只好默許。

退學後，智聰在親戚的凍肉店上班，每天辛苦得很。從前，智聰的壓力來源來自學校給予他們的目標，學生都要追求合格的分數、升讀好的院校，這些聲音讓他感到很煩。但他現在才發現，沒有人再對他有任何要求時，生活再沒有任何目標，心裡的壓力更大，他不知道人生可以往哪裡走。

「早知如此，我便繼續讀書吧⋯⋯」那時智聰常常這樣想，但決定是自己做的，已經不能回頭了。為了擺脫壓力，他只好找朋友一起消遣，但常常外出吃飯又需要花很多錢，智聰在凍肉店工作的薪水常常不夠用，這時又不能再問父母拿零用錢，一切都要自己打算。

智聰以為只要不用上學，一切就會輕鬆得多，然而得到「自由身」，他卻沒有變得快樂。從前，他的責任只是上學，現在他卻需要為自己的生活負責。現在，他每天都不想上班，卻不知道沒有中學畢業學歷的自己，可以做些甚麼。

找到新目標

智聰開始羨慕其他同學，那些追得上課業的同學，對未來有清晰的理想，甚至可以考慮投身甚麼職業，但他甚麼都沒有。

突然，一個人的出現，讓他漫無目的的生活找到一下閃光。那個人告訴他，只要幫忙送點貨，汗水也不用流一滴，便可以賺到很多錢。

雖然智聰知道賺那些輕鬆錢是犯法的，因為那些不是普通的貨物，而是毒品。跟他從小玩到大的朋友都向他說：「聰仔啊，真的不要做這些。」

然而，只有 17 歲的他，從來沒見過眼前出現這麼多錢，智聰心想街上這麼多人，怎會那麼容易被發現呢？於是他便決定做這項工作。一時之間，他好像找到自己路要怎麼行，他的目標就是要不斷賺錢。從那一天開始，他的生活重新找到重心，他感到很快樂。

起初，他對交收工作十分謹慎，與客人在隱秘的地點碰面。後來，他愈來愈放下戒心，隨便約在網吧交收便算，心想做了一段時間都沒有事，應該不會被捉到吧。

身上錢多了，喜歡怎樣花便怎樣花，他甚至花上數萬元為遊戲充值，感覺充滿自信心。智聰告訴父母自己在麻雀館工作，每個月也會拿錢回家。

進身這個圈子，少不免替人出頭打架生事。他捲入一宗傷人案，卻沒有影響他繼續賺錢的決心。雖然智聰每天作毒品交易，但他從來不敢嚐一口，只視毒品為他賺錢過活的工作，眼見那些客人每天為吸食毒品弄得身無分文，讓他智聰覺得很可怕。他只想一直賺錢，當口袋的錢多了，他便感到很有安全感，也感到自己有價值。

假希望破滅

那時智聰不知道，原來這些快活的日子是有限期的。大多數運毒者不夠一年便會被發現，這些青年被捕後，又有新的年青人來賺快錢，填補他們的位置。

有一天他完成工作後在某個商場吃飯，警察已在門外等他。警察好像早就收到線報，智聰怎樣否認也無用，最後在他的電話發現交收的證據，便將他拘捕。

智聰曾經想過，無論發現甚麼時，只要瞞著家人便好。就算要入獄，他也打算騙説自己到外面住便算。智聰完全沒有心理準備，要將自己做過的一切坦白於家人面前。然而，因為警察要帶他回家搜屋，他再也無法隱瞞。

他只記得被警察押回家當日，媽媽哭著哀求警察：「不要捉走我的兒子！不要捉走我的兒子！」

讓家人難過是智聰最恐懼的事，他感受到母親有多心痛。一刻之間，他感到人生掉進灰暗，餘下的人生不知如何是好。由於有傷人案在身，智聰要立即還押，獄中的日子是人生最難過的，因為不能適應獄中生活，日子苦不堪言。

慶幸當時家人常常來探望他，媽媽早上九時上班，也在清晨時分出門，長途跋涉只為來見他一面，讓他十分感動。他知道不止他一個人在捱苦，家人同樣每天也難受。智聰自言自己是個軟弱的人，如果沒有家人的支持，可能早已捱不住那些打擊，做了傷害自己的事。

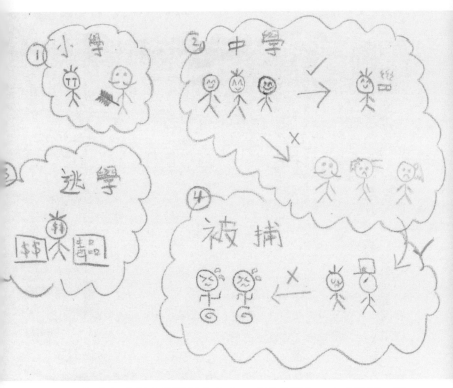

▲ 智聰把成長時的選擇畫出來，反思曾經在一步走錯了，讓
他後悔不已。

支撐他度過那段日子的，還有家人寄來的信件。姐姐知道智聰掛念家人，把一家人的合照寄給他，姐姐在信中說：「只找到你小時候和我們的合照，你長大後都不跟我們拍照，姐姐找不到相片啊。」讀到信件，他大哭起來，後悔為甚麼從前不與家人相處，現在很掛念家人，很想念母親的湯。想到這兒，他真的很後悔，很後悔。

重拾目標

幸好被捕時智聰身上的毒品量少，兩年半後，智聰可以出獄了。在這兩年半的時光，經懲教署的監管人員悉心指導和協助，智聰改變了他很多想法。步出監獄，他第一眼便看到在門外等候他的家人，智聰跑過去，與家人抱成一團，泣不成聲。

爸爸說：「沒事了沒事了，我們去吃東西吧。」他們一家人去茶餐廳吃飯，智聰點了一碗沙嗲牛肉面，那是他吃過最好吃的一餐。

智聰說，被捕時街上的人都沒戴口罩，出獄後全部人都戴上口罩，感覺光陰飛逝。這兩年半時光，也改變了他很多想法。他覺得自己從前捱不得苦，現在工作已不怕辛苦。他出獄後在廚房工作，自言十分開心。疫情變得嚴重後，他從餐廳工作轉到地盤，即使辛苦，但他很慶幸能腳踏實地，用努力換取成果。

智聰與家人的關係也變得更親密，經過這些事情，他明白到家人有多關心自己，下班後便與父母無所不談，每天也期待回家吃母親煮的飯。

▲ *智聰在地盤工作感到腳踏實地和快樂，在公餘時間也享受和家人相處的時光。*

過往智聰因為不懂面對壓力而沉迷玩樂，現在他學懂了做人要樂觀，日常會多聽音樂放鬆心情。就好像地盤工作的經驗告訴他，一件很重的東西，拿不起便要學懂放下，否則便會受傷。煩惱即使不能立即解決也不用太悲觀，可以先放鬆自己再想辦法。

其實打從被捕一刻起，有一件讓智聰後悔的，也最渴望做的事，就是重返運動員的舞台。他曾經是學界冠軍，卻因為不夠堅定而白白放棄了。智聰的夢想是贏得國際賽事，取得跆拳道奧運比賽資格。走了一大段冤枉路，他才明白自己心中最渴望的夢想。生命就像是一場擂台上的競技，我們會總會遇上各種挑戰，但只要保持堅定的心，便能百折不屈，最終能勝過昨天的自己。現在智聰決定逐步重拾訓練，一步步向夢想進發。

03

剧刀

不要回望過去。

剃刀

如果……那天放學她早一點離開，如果她沒有經過文具店，沒有順便買了一把剃刀，沒有把剃刀隨意放在口袋之中，如果一切都沒有發生，也許今天，她的腦海便沒有這一段血淋淋的回憶。

煩躁不安的世界

嘉欣放學後回到宿舍內收拾物品，她想起針對她的老師，衝突連連的家人，煩躁感不停湧上心頭。

今天她狠狠地把課室的桌子推到地上，物品散落一地，老師看到這個情況，眉頭一緊。雖然老師前來安撫她的情緒，但嘉欣覺得她充滿惡意。「這個老師只會針對我！」嘉欣心想。半小時前，打鐘聲響過後，同學們放鬆地放聲談天，有些人拿出手機來看，明明不是只有嘉欣他們在玩手機，別的課室也是這樣，但老師只「捉」他們，讓嘉欣感到深深不忿。

原本老師要沒收她的手提電話，看到嘉欣生氣得把桌子反轉了，便跟她說：「知道你現在住宿舍，不沒收你的電話，以免你和宿舍聯絡不了。」聽到老師這樣說，嘉欣更是火冒三丈：「那你就沒收吧！」但此時老師已把電話塞到嘉欣手中，嘉欣顧不及地上的雜物，氣沖沖地一個勁離開學校，回到宿舍後仍然憤憤不平。

她想到自己來到宿舍的原因，也是因為一場吵架。來宿舍之前，她與爸爸媽媽和姐姐一起住，姐姐與她性格相反，在家總之沉默不語，只是靜靜地留在房間，甚麼事也不理，家人也不知道她想甚麼。而媽媽和嘉欣則是不吐不快的人，所以常常為日常小事吵起來。其實嘉欣很關心媽媽，媽媽曾告訴她，自從生了嘉欣後，自己的精神健康便出了問題。媽媽告訴嘉欣，生下了她即使生病也值得，但嘉欣仍是覺得自己拖累了媽媽，想起這件事有時也會流淚。

但隨著嘉欣升上中學，與媽媽常常出現分歧，雙方也不肯退讓。例如媽媽想嘉欣停止打遊戲機，但嘉欣反駁，兩人也便大吵一輪，生氣起來更會互相動手。那一天，為了甚麼事而吵起來，她已經忘記了，只記得媽媽從廚房中拿出刀子，向著嘉欣揮動。當時媽媽也意識到自己控制不了情緒，她主動報了警，警察便帶走了她們。那次嘉欣雖然沒有受傷，但就被安排住進宿舍，母女二人也借機冷靜一下。

開了一個玩笑

嘉欣在學校成績算不錯，是會專心上課的學生。這次調位，她身旁坐了一個很頑皮的男同學，這個同學常常在課堂上找人談天，吵得嘉欣不能專心。就算嘉欣告訴他影響到自己，那男同學仍是不理。下課後又會在課室跑來跑去撞到別人的桌子，這些頑皮行為，讓不少同學不喜歡他。

這天放學後，同學執拾書包時，不知是誰開始作弄那男同學，當著他的面拿了他的物品，叫其他同學收起他的東西。起哄期間，有人將那男同學的學生證塞給嘉欣，嘉欣便隨手把學生證放在天花板的投影機上，讓他自己拿下來。

玩了一會兒後，嘉欣與其他同學到小食部吃東西，返回課室後，大部分同學已經散去。但在此時，嘉欣卻發現自己的書包不見了！她在課室找了又找，又急又生氣，直至有人告訴她，原來她的書包被那男同學收起來了。找回書包後，嘉欣便與同學們離開學校。

在路上，她們經過一間文具店，嘉欣想起宿舍活動會玩和諧粉彩，需要使用𠝹刀把粉彩刮下來，買了𠝹刀後她便隨手收在衫袋內。

離開文具店不久，她便碰上收起她書包的男同學，怒火突然一下子衝上心頭。腦袋頓時空白一片，回過神來，已聽到男同學

慘叫一聲，膊頭上鮮血湧出來。這個畫面，嚇得同行的同學及途人們都前來幫助，有人問要不要叫救護車，有人拿紙巾幫男同學止血……

嘉欣完全嚇呆了，她完全不敢相信自己做了甚麼，剛才的一刻，自己一氣之下，從衫袋拿出鎅刀，不知用了多少力，一刀劃了在男同學的身上。

「我這次死定了。」

綠顏色的日子

嘉欣完全明白事情的嚴重性，她沒有打算否認，但是也不知怎樣承認，因為她自己也不知道自己為甚麼做了這件事。由在女童院羈留至每一次上庭的日子，她每一天都不停哭泣。在宿舍保釋期間，每當想到不知將要面對甚麼後果，便會驚恐得在宿舍丟東西亂發脾氣。

等待懲罰的時間是最灰暗的日子，嘉欣被判進更生中心，她一直忐忑不安的心情也開始平伏。她開始接受，既然事情發生了，便改變心態好好面對吧。在更生中心的生活十分規律，放下了手機訊息和遊戲機，她有更多與自己內心相處的機會。自從那次事件發生後，她與不少人傾談，媽媽對她說會支持她，不少朋友也寫信給她，讓嘉欣漸漸對人打開心扉。她也開始面對自己的情緒管理問題，反思從前自己有時的想法會偏激了，以至讓自己生氣得沒有彎轉。

在更生中心內她也與 madam 談天，說起自己從前常常衝動行事，madam 勸導她說，每人只能控制自己的想法，不能控制別人的做法，不要太在意別人的說話，凡事不要太介懷。漸漸地，嘉欣改變了過往看待事情的方法，以前她常常對很多事情看不過眼，但現在她會想，自己不能改變的事情就看開一點，事情不要看得那麼絕對。

▲ 嘉欣回顧自己的心境，以顏色表達各種經歷的心情起伏，事過境遷後，她慢慢重拾開朗。

她也常常想念媽媽，回想起從前二人的關係，她反省到自己在這些衝突也有責任。雖然媽媽的行為過於激動，但自己是不是也可以用不同的語氣和態度回應媽媽呢？是不是不應該惹得媽媽這麼生氣呢？幾個月在更生中心的日子，她反覆思考著這些問題，希望離開這個地方的時候，能夠忘記過去，成為一個新的自己。

不要回望過去

校長和老師都看到嘉欣的反省和誠意，決定讓嘉欣重返原校重讀中二，她很感恩這機會，未來決定好好學習，努力升讀大學。轉眼間已到學期中，上學期考試嘉欣的成績很不錯，得到老師的肯定。

除了學業重返正軌，她的家庭關係也變得和睦了。她回到爸爸媽媽身邊，過往她常常自己生悶氣，不常與人分享心事。現在她每天放學後也跟媽媽談天，有時學校的事情媽媽不明白，她便慢慢解釋，有時一說便一兩小時。以前嘉欣會覺得大人「問長問短」，現在她很感恩媽媽作為聆聽者，願意聽她的心事。她發現，事情說了出來，內心感受也會舒服了。嘉欣說，事情發生了，自己一個生氣也沒用，多與長輩傾談，可以吸收他人的處事方法，對情緒也有正面的影響。自從喜歡與人交談後，她不再像以前一樣困住自己。今個暑假，她計畫多出外走走，去發掘自己的興趣，烘焙班也好，設計班也好，甚麼也試一下，慢慢尋找自己的夢想。

▲ 嘉欣說:「藍色代表平靜,黃色代表快樂」,現在她學會了如何保持正面的心態,情緒不再起伏不定。

04

生命的微光

一切都要去面對，
不能逃避問題。

生命的微光

在漫長的黑夜之中，仰望星空會讓人心情平靜，即使每點星火只有微弱的光芒，一片星海卻會使天空變得明亮。Jade 的家庭背景複雜，成長以來面對各種生活的艱難，但她靠著信念，不放棄也不迷失，沿路尋找支持自己的力量，終於找到自己的天空。

母親的頭髮

大門打開，Jade 看見蓬頭垢面的媽媽拖著虛脫的身軀回來，草草洗了個澡便倒在梳化上昏睡過去。媽媽已經三天沒有回家，想她肯定又是幾晚沒有睡過，Jade 看見浴室一地斷落的頭髮，只感到心痛又無奈。

Jade 與母親曾經也有過一段平靜的日子，十歲之前，她與母親住在一個狹窄的劏房單位，聽母親說，親生爸爸並不是個好人。原來早在 Jade 出生以前，仍是胎兒的她已經面對第一道難關。她的爸爸不想要女兒，跟媽媽說如果肚內不是兒子的話就墮胎，媽媽不忍心，於是騙他說肚內的是兒子。Jade 出生後，爸爸便因此發難，並跟媽媽離婚。因為母親的堅持，Jade 渡過了生命中的第一道難關，成功來到這個世界，但成長的關卡接踵而來。

她十一歲的時候，媽媽結識了後父，他們很快便住在一起，生了弟弟。媽媽與後父不太會照顧孩子，所以把弟弟交給奶奶照顧。Jade 與媽媽和後父雖然住在同一屋簷下，卻因為二人常常不回家或晚歸而甚少碰面，幾乎像是陌生人。

媽媽與後父的關係時好時壞，二人吵架時，後父就會讓任職麻雀館的母親出去找人打麻雀。久而久之，麻雀成為母親唯一的消遣。母親一直相信，金錢是世上最重要的東西，只要有錢生活的問題都能解決，所以她很喜歡贏錢的感覺，覺得無論怎樣上班，也不及賭博的錢來得這麼快。

後來，媽媽認為打麻雀的錢銀上落也不夠刺激，索性到澳門的賭場大賭一番。媽媽染上了賭癮後，起初是賭至三更半夜，後尾是三天三夜不睡覺，賭到筋疲力竭為止。這一晚，Jade 望著媽媽消瘦的臉和一地脫髮，不知如何是好。

落寞的女孩

在 Jade 中三那年，母親的賭博問題變得嚴重，起初憑她打麻雀的技巧能贏到些小錢，但卻在賭桌上輸上更多，把積蓄和生活費都輸光了。眼見母親常常為錢而煩惱，Jade 主動提出不再拿媽媽的零用錢，希望可以減輕母親的壓力。

Jade 就讀名校，成績一直中上，但她那時開始每天放學後也要到餐廳兼職賺錢養活自己，成績難免下滑。但她相信只要母親能開心一點，自己再辛苦也是值得的。

那段時間，母親與後父的爭吵激烈，媽媽決定分手。媽媽搬走了，一直住在後父家中的 Jade，也被他們的家人明言請她離開。Jade 知道其實後父的家人一直不接受自己母親，她心裡明白，自己與後父沒有血緣關係，不能怪對方不再關顧自己，雖然也因此感到十分落寞。

她想從此以後，再與母親相依為命，母親卻告訴她自己要離開香港，帶了她去一個朋友的家暫住，留下她頭也不回地走了。一直以來，Jade 相信母親內心仍是疼錫自己的，當明白到母親原來不愛她的一刻，讓她最難過。事情的突然，讓 Jade 沒有時間傷心，當務之急，是找個可以住下來的地方。

▲ 電繪是 Jade 的興趣，畫畫能讓她感到心靈平靜。

尋找下一個家

接下來的幾年，Jade 住進了不同的青年宿舍，也完成了中六，升讀副學士課程。Jade 向來很喜歡畫畫，因此她修讀了視覺藝術相關的科目，她的志向是成為一位藝術家。

一直以來，Jade 欠缺家庭生活，自己照顧自己，住進宿舍來，卻發現原來家的感覺可以很溫馨。雖然宿舍內的朋友沒有血緣關係，但卻會互相關心，會和她談天。過去她回家也是一個人，家人有自己的生活，對她不聞不問。現在她卻在這裡感受到愛，也結識了最好的朋友晴晴。晴晴是她生命中其中一位天使，當她情緒低落時，晴晴會和她談天，給她正面的力量，也陪她一起做運動減壓。晴晴是一個樂觀和簡單的人，在朋友身邊，Jade 覺得做甚麼事都可以很快樂。

雖然住進了宿舍，但她仍然需要解決三餐的問題，副學士課程的功課繁重，學業與兼職讓她應接不暇，一度要問朋友借錢度日。再加上當時面對感情問題，Jade 最終只讀了一年半便決定停學，專注工作賺錢。

停學的決定，讓 Jade 陷入迷惘，不知自己的選擇是對是錯，也質疑自己的能力，不知道自己是否能當一個畫家，意志十分消沉。這時，晴晴告訴她：「你不覺得自己是一顆未發光的金子嗎？這個世上，九成的人也不知道自己在追尋甚麼，你有勇氣去追求自己的夢想，已經很棒了！」這番說話讓 Jade 十分感動，也堅定了追尋夢想的動力，她決定用幾年時間儲錢，然後再給自己空間全心投入創作。

Jade 在青年宿舍住了好幾年，期間積極參與活動，得到不少寶貴的機會，包括工作實習和培訓。離開青年宿舍時，她已裝備好自己，能夠出社會面對生活。起初她搬到租金昂貴的套房居住，幸運地，她在一個藝術活動上認識了一位姨姨，願意以相宜價錢出租一個房間給 Jade 居住，她們二人關係良好，有時姨姨更會煮飯邀請 Jade 一起吃，讓 Jade 重拾家人的感覺。

生命中的點點星光

回首過去，Jade 說雖然成長期間沒有父母的照顧，但卻遇上了很多對自己很好的人，例如她每一次搬家同學也會來幫忙、學校的老師、宿舍的朋友也對她很好，這些善意，讓她的生命依然美麗又溫暖。Jade 常常很感恩自己所擁有的，想起這些對她很好的人，她便很知足。

雖然現在還是會碰上困難，Jade 曾試過吸煙和飲酒來減壓，但她覺得這些東西只會讓人更沉浸在消極之中，不會讓人感到快樂。她想自己開心一點，便會做一些她能感到開心的事情，例如找朋友一起吃東西，或是靜靜地畫畫，用創作去排解負面情緒和空虛。

Jade 的夢想十分清晰，就是要當一個藝術家，雖然她的職位不錯，但她不想掉進工作的舒適圈，於是儲夠錢便辭職專心創

▲ *Jade 說，現在她的星空不再沉寂和荒蕪，即使外界一片荒蕪，內心都要保持希望。*

作，實現自己夢想。小時候，媽媽知道 Jade 的志向是畫畫，曾經向她潑冷水，說畫畫不能賺錢，藝術家通常也很窮等等。但 Jade 不認同媽媽把金錢看得這麼重，她自己要以媽媽作為反面教材，提醒自己要如何過自己的一生，她要證明就算賺不到大錢，自己行這一條路一樣能夠幸福。

一路走來，Jade 的信念是堅持做自己覺得對的事，不想將利益放得太重。她說，雖然成長讓她的心傷痕累累，但她比喻人在受傷時，傷口發炎會痛，但這不代表傷口爛掉了，紅腫是代表它正在痊癒。人生也是這樣，只要經過了便會痊癒，即使時間再久，一切仍是會慢慢痊癒的。

05

身外物

做事時按部就班，因為欲速則不達；
等待時擁抱希望，因為船到橋頭自然直。

身外物

人的信念很脆弱，面對生活的種種困難與未知，總要依靠一些力量去支撐自己。在一生人無限個隨機發生卻又影響深遠的偶然當中，很多人會選擇相信運氣就是未來的關鍵。正因如此，無論是中華文化還是西方，遠古還是現在，都有各式各樣的寶物法器、宗教活動和祈禱趨吉避凶。大部分宗教思想也導人向善，當人在正途做對的事，「好事」也自然會發生得比走在歧途的人多，運氣其實並不是完全偶然。

一個不幸的日子

想不到平常的日子會突如其來的結束，自從「那件事」之後，阿新每天都背後發涼，總覺得有帶著陣陣寒意的東西跟著他⋯⋯

阿新來自普通的家庭，是家中的獨生子，他小時候活潑好動，不喜歡坐下來靜靜唸書。父母總是對他賞罰分明，用玩具和禮物去鼓勵他讀書，成績不好時便打罵。可是隨著小孩長大，父母的獎勵不再吸引，打罵也不聽時，管教便再無計可施。升上中學後，阿新常常跟朋友玩到三更夜半才回家，回家後便當爸爸的責罵是耳邊風，父母不再獎勵他，他便自己去兼職賺錢，買自己想要的東西。

中二的某天，阿新放學後到茶餐廳送外買，走到半路時，看見一個女人倒在地上，隱約看見一陀紅色在旁，他急急腳離開，回來時已經很看見一個綠色的帳篷，他便心知不妙。後來他知道，原來是茶餐廳熟客的女生墮樓了，而事發的時候只有他一個人眼見。自那天開始，他便感到有一陣無形的氣息常常跟著他，連電梯也在那段時間也經常故障。

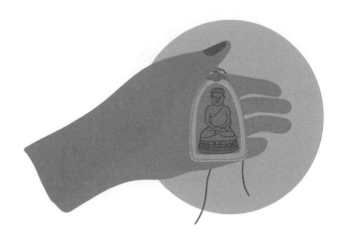

當時他心想，一定是撞邪了，他上網找尋一些保祐自己的方法，看到有一種「佛牌」，不單可以驅鬼，而且還有各種功能，可以吸引異性和增加財運。戴上佛牌後，他果然覺得事事順利，而且有很多女生接近他，那時候，他只覺得那些是佛牌給他的禮物，沒有想到別人的感受。他身旁的女伴換了又換，欺騙了女孩子的信任，傷害了很多人。那時，他把「佛牌」當是一個個神奇法寶，是為他招徠想要的東西的工具。當時的他充滿信心，相信不需要付出便能擁有一切，也不懂得珍惜，直至後來他才明白宗教不是這樣的一回事。

身心的依賴

過了一段春風得意的日子，家裡突然傳來壞消息，他的父親心臟病發，一度有生命危險。阿新立即拋下了玩樂的心情，聽爸爸在病床前的吩咐。他問父親有甚麼事情想他做，父親說只想他完成中學便夠了，阿新肯定地答應了父親。

幸而爸爸的身體日漸恢復，阿新也履行他當天的承諾，即使留級，無論如何也完成中學課程。然而，他的興趣一向也不在讀書，其中一個原因是他覺得讀書是一件「很慢」的事情，不知要努力多久才能達到好成績。阿新是個性子急的人，想要做到的事要馬上做到，想要的物品立即去買，但說到唸書，要取得好分數，不能說做到便馬上做到，一想到自己與滿分的距離，阿新便感到很大壓力，也十分洩氣。

昔日和他通宵玩樂的朋友，很多早已扔下書包離開學校，他們對阿新說：「讀書這麼辛苦，去放鬆一下吧，你要開心一下啊。」朋友們拿出大麻給阿新，對他說這是天然的東西，對身體不會有害。阿新心想這些只是天然植物，不算是毒品，便跟朋友一起吸食大麻。

自從吸食大麻之後，每當有壓力，他便會借助大麻來放鬆自己。後來他更每天都要吸食大麻，差不多整個高中生涯也是與大麻一起度過。吸食了大麻後，除了神智不清，思想也會變得偏激，常常因為衝動而做錯決定。有人告訴他，大麻的成分根本不是天然，其實是加了很多化學劑讓人更有反應，以及令人上癮。那時阿新本想少吸一點大麻，原本他以為自己可以控制，但卻發現自己已經深深上了癮。

▲ 這是阿新的自畫像，形容自己「管不了」，身邊也有很多損友。

如果說神佛是心靈上的寄託，那麼毒品便是身心的依賴，它能製造出不真實的身體感覺，讓人感到在那一刻所有問題都解決了，久而久之，人便不想去解決問題，只需要解決一切的感覺。

真正的力量

成長帶給他的困惑愈來愈多，快要離開學校，他開始為未來感到焦慮，覺得自己一事無成，每一件事也做得不好。然而，阿新卻沒有信心解決問題，於是他又跟朋友四處去不同的佛牌店舖，別人說有甚麼甚麼功能，他都買來試試，希望那些聖物的能量能幫他渡過難關。直至一次他在某間店內認識了一位前輩，這前輩所講的與其他人不一樣。前輩告訴他，不論是佛牌還是毒品，「依靠外物者難成大器」。他明白到，佛牌原本就不是一件讓人達成願望的工具，真正影響命運的是一個人的心性，佛牌是陪伴人走正途的導師，提醒自己要做正確的事。所謂「好運」，就是要讓自己內心堅實，建立正面的氛圍，好事情自然便會發生。

在傾談之間，阿新告訴他自己的經歷。那段期間，阿新發生了不少事情，有親人過世，他的感情又遇上困擾，他都會找前輩傾談。慢慢地，他明白到自己從前是一個自私的人，對別人不負責任，也是因為自己的自卑。在傾談過程中認識了宗教，也更深入地認識了自己。

那位前輩向他說，看見他吸食大麻後常常神志不清，這樣會為一個人帶來壞的氣場，好事都不會來了，著他真的要戒掉毒品。阿新想想後，下定決心戒掉大麻，起初他常常感到暴躁，癮起時會出冷汗，後來他透過做運動去減壓和排解心癮。那時他參與泰拳班減壓，常常想著如何一下兒打低對手，但導師告訴他，人愈是急想，便愈容易下錯決定。慢慢地，他開始投入運動，放下了對大麻的心癮。終於他在三個月後戒掉大麻。

從前他因為吸食大麻而弄得身體虛弱又怕冷，現在比起當時，整個人健康得多。阿新說，有些仍然未脫離毒品的朋友，現在還因為吸食大麻而欠債累累，在二十多度的秋天已經要穿羽絨大衣，他看見那些朋友的人生停滯不前，甚至不斷變得更糟，自問不想像他們一樣，於是戒毒後便漸漸疏遠了他們。

除了宗教，現在他更會追求身心靈的平靜。這幾年間，阿新對自己的了解也加深了，他意識到自己是一個焦躁的人，常常產生焦慮感。他讀了一本書《練習不焦慮》，學習如何為自己訂立合理的目標，明白到當對自己的期望過高，便會產生焦慮，繼而想放棄，然後又會因而感到自卑。阿新今年 24 歲，希望

在 30 歲開設自己的工程公司，現在他會為自己訂立可完成的短期目標，例如先完成高級文憑，然後考不同的工程牌照，並以工作累積經驗。在書中，他也學會了將事情重要性排先後次序，然後按輕重分配時間，這樣便不會感到所有事情也逼著要做。他現在把家人放在第一位，其次是信仰，第三是個人前途，玩樂和朋友放在稍後的位置。他也學習到休息的重要，休息不會讓人停滯不前，而是為了得到更多力量讓人前進。過往他減壓的方式是依賴毒品，現在他感到焦慮時會畫畫，他發現畫仔細的工筆畫，會帶給自己寧靜的感覺。

成長是一趟自我了解的過程，阿新過往依賴不同的外物去逃避內心的感受，慶幸現在他找到問題的根源，治療自己的內心，學會勇敢面對人生。相信人只要一點一點向目標進發，堅持前進，始終會達成理想。

▲ 現在阿新有了新的目標，信仰使他更的心態更堅定，生活也比從前更健康。

06

天明

不是要超越別人，
而是要超越自己。

天明

大自然的白晝與黑夜，總是每天每夜地交替，但人的際遇就不同了，稍有不慎，就會掉進無窮無盡的黑暗之中。然而，陽光是最公平的，只要你願意從黑暗中走出來，抬起頭，每一個人都可以看到晴天。

公園裡的朋友們

小明從朋友手中拿了一根煙，在各人的注視下吸了一口，煙霧吸進口中讓他覺得有點不對勁。這一夜他們又如常在公園坐到深夜，就讀中一的小明為了逃避單親媽媽的視線，常常來到這個公園閒坐。這班朋友也是這樣自然地聚在一地，一些不想回家的小孩，在公園互相結識，然後成為大家消磨時間的玩伴。其實小明也說不出媽媽有甚麼不好，父親早在他兩歲時便因病離世，自小媽媽也很疼作為獨生子的他，他要怎樣也順著。只是媽媽在茶樓早班工作很早回家，由下午到晚上家裡就只有二人對著，讓小明覺得十分煩悶，總想出街透透氣。

小明看著剛放進口中的手捲煙，他問朋友們：「這是甚麼？」朋友們起初不肯答他，只說「就是煙啊。」後來才告訴他說，其實這是大麻，不過和煙草也差不多就是了。小明聽朋友說這些不是毒品，便與朋友一起吸食大麻。

「有新東西給你試！」數個月後，朋友興致滿滿的向小明展示手中的氯胺酮，小明心想，既然大麻也試過了，出於好奇，便吸了一口。誰知他立即嘔吐大作，頭昏腦脹，在床上躺了一整天，嚇得他以後也不敢再碰氯胺酮。

升上中三以後，小明上學的時間愈來愈少，每天都是跟朋友一起飲酒唱 K。再一次，朋友給他一枝煙，當下醉醺醺的他不察覺有異樣，一口又一口地吸，吸完後才知道，原來裡面有可卡因。小明已記不起當時的感覺，只知道馬上便上了癮，接下來的日子不能少了可卡因。

吸食可卡因會讓人心情煩躁，吸得愈久，想事情的方式也不一樣了。當時他把毒品帶回家吸，媽媽嚇到又生氣又激動，小明拋下幾句狠話便離開家門，留下傷心的母親。當時的他，生活只剩下毒品和朋友。

一個特別的朋友

小明用零用錢與朋友夾份買可卡因，與母親鬧翻後，朋友便建議他運毒賺錢，既輕鬆又快便能賺取足夠的金錢。當時小明很信任身邊的朋友，他的朋友圈內也愈來愈多人，由最初在公園一起坐的幾個人，到後來聚上了一班朋友飲酒作樂。

有一天他認識了O仔，O仔說他與另一班朋友吵架了，便來到找他們這一伙人一起玩。O仔的樣子不算年輕，對比其他人顯得有點成熟，看起來不太好玩。小明不知道他是誰介紹來的朋友，但是朋友的朋友也一樣，玩了幾次就熟了。他們一起飲酒吃飯，O仔也不時跟小明買毒品，很快便成為他們圈子裡的一分子。

這一天，O仔說想約大家出來吃飯，人齊了的時候，突然一大班警察衝進來圍著他們。O仔這時淡定地站起來，走到警察的身邊，大家也驚呆了。一刻過後，大家才反應過來，明白了眼前的狀況，一行人對O仔的漫罵聲此起彼落。原來O仔是潛服在他們之間的臥底，今天罪證收集夠了，便引他們出來一次過拘捕。

O仔一個一個指出小明身邊的人是誰，說出誰是主腦、誰是販毒者，小明早前把毒品「賣」了給他，當然不能倖免。

被出賣的憤怒久久不能平息，小明因此而被判刑兩年半。服刑其間，他開始冷靜下來，由滿腔的憤怒轉而開始反省自我。這段期間，媽媽探望他時常常勸慰他出來後要好好重新做人，讓小明下定決心，重返社會後不再與壞朋友聯繫。小明更肯定的是，無論如何也不能再碰毒品。之前糊里糊塗地上了癮，好不容易在服刑期間被迫經歷斷癮的痛苦才戒掉了，如果再次吸食，不知要花多久才能戒掉。

▲ 小明形容，人生像經歷了一場山火，草和樹都被燒焦了，
　 只有烏雲和暴雨，完全沒有生氣。

新的朋友，新的人生

兩年半過去了，小明回到原來生活的地方，卻發現展開新的生活不太容易。因為他實在很悶，他刻意不接朋友電話，不與過往的朋友來往，但他卻沒事可做。一個月後，他終於抵受不住，又回去跟從前的朋友一起玩，朋友紋身，他也紋了身，和從前一樣晚晚飲酒，在街上閒坐，只是他與朋友明言不再吸毒。

這樣的日子不斷重覆，由起初滿滿的新鮮感變得單調，當每一晚也是這樣吸煙飲酒，話題也講盡了，小明開始會想未來要怎樣，想法漸漸有了改變，不想再浪費時間，但他們卻覺得這樣無所事事也無所謂。小明愈來愈覺得這班朋友很悶，但現在他已紋身染了髮，樣子已是一個不折不扣的「壞人」，怎樣和「常人」做朋友呢？

他到常常去茶餐廳吃飯，會跟相熟的老闆和伙記談談天，聽他們談著寵物，談著工作和興趣，談著下班做甚麼，談著伙記們如何偷懶……小明頓時覺得，這些拼拼湊湊的鎖碎事情，才是真正的生活啊。而他自己，每天無所事事，每一天的日子也是白過的。

小明想想，自己已經 19 歲，雖然現在生活平靜安穩，但總不能永遠拿著媽媽的零用錢亂花，而且坐監已經浪費了兩年多時間，他開始積極地為自己想將來的路，但他不知道，怎樣才能

開始真正的生活。就在這個時候，自他出獄後不時來關心他的監獄義工打電話來邀請他參與團契活動。這不是他第一次收到邀請，只是過往他攔下了電話便忘了。這一次，他反思過去已經浪費了太多時間，下定決心很想重新出發，加入新的圈子，於是他主動決定返教會，尋找有意義的生活。

來到團契，這裡有不少過來人，大家也很接受小明的過往，也鼓勵他尋找自己的興趣。有人教他彈鋼琴，有人和他一起畫畫，但他最喜歡的，還是與朋友一起行山，挑戰自己的體力到達高處，讓他很有成功感。同時間，他也在滅蟲公司找到正職，一做便做了四年。從那時開始，他有了新的朋友，新的興趣，還有一份踏實的工作，徹徹底底地離開了從前的壞朋友。

在山上尋找未來

回想過去，小明最害怕的就是吸毒時的生活，他形容毒品進入身體時，就好像黏在腦內的寄生蟲，把整個人的情緒和動力都蠶食了，吸毒會讓人想法很負面，常常覺得自己毫無價值，每天也要擔驚受怕，失去了正常生活。然而，做運動卻使人快樂，找尋不同的行山地點，滿足他喜歡新鮮感的個性，也能挑戰自己，每次完成一趟旅程，也會有滿滿的成功感。

他與其他朋友一起組織了山藝團契，小明會帶戒毒者一起行有一定難度的山徑，在過程中他不會以過來人的身分說教，而是專注於幫助他們克服體力上的辛苦，陪伴他們一起欣賞沿路的風景，他們會在山上生火煮食、在營火旁談天和歌唱，享受大自然的懷抱。看見他們登上頂峰時喜悅和滿足的神情，小明也會感到十分快樂。除了透過行山活動與戒毒者同行，他也會參與跟大自然相關的義工活動，例如執垃圾，美化大自然。

山上的美麗景色讓人心馳神往，讓人忘記城內的煩惱，小明說行山活動的確能幫助到不少吸毒者捱過戒癮時的痛苦時刻，同行者的陪伴更是十分重要，經歷過黑暗的小明，想幫助更多的人找到自己的曙光。

未來，小明已經找到明確的路向，帶著這一份使命感，他希望成為攀石、山藝及歷奇等項目的運動教練，陪伴迷失的年青人望見天明。

▲ 儘管經歷過風風雨雨，但大自然的生命力始終會讓花木重
生，人也是一樣。小明說他現在的人生有藍天也有太陽，
像在綠油油的山野中充滿生氣。

07

小婧人

做自己，
不要受人影響和為別人改變。

小情人

有人說，第一次戀愛總要走點冤枉路，從心痛中學習到如何愛與放手。也有人因為戀愛，走的冤枉路兜得很遠，有人失去了自我，甚至犧牲家庭關係，只為留住身邊那位。痛愛總是讓人難捨難離，然而在危險的關係中，最重要的可能是學習如何放手。

甜蜜的危機

自小學開始，小妍在父母眼中是個甜美的小女孩，功課和操行總不會要父母擔心。那時候，小妍和身邊同學一樣，覺得吸煙飲酒的孩子很壞，絕對沒想過自己會把這麼臭的煙草放進口中，直至她遇上他。

那年中一暑假，與同學相約在體育館外的平台花園談天，碰上了升中後便沒有聯絡的小學同學。而讓小妍留意到的，是那位同學身旁的一位男孩子 Eddy。Eddy 個子很高，說話不多，雖然只大小妍一歲，但已有點成熟少年的模樣，不像其他男孩子總是搞怪嘈吵，讓小妍留下很深的印象。

她與 Eddy 交換了電話號碼，數天下來從早到晚也在傳短信，二人的訊息愈來愈親密，Eddy 的一句早安與晚安已讓小妍心動不已。一個星期後，小妍與 Eddy 再次見面時，他便牽起她的手，這場突如期來的戀愛便開始了。Eddy 會為她買宵夜，生日時送她禮物。她喜歡 Eddy 的陪伴，也喜歡他對她的著緊，悶悶不樂時，只要 Eddy 陪在身邊便會開心起來，這份被愛的感覺是她從來未感受過的。

在小妍心中，他是完美的，只是有些壞習慣，他答應她會改掉，卻遲遲未改。二人一起以後，小妍才發現他有吸煙的習慣，二人有時會為這個問題爭吵，讓小妍十分心痛。小妍不想二人的感情因這些小問題而轉差，小妍心想，既然 Eddy 不改變，就由自己改變吧。

不顧一切

為了接受 Eddy 吸煙，小妍決定自己也這樣做，這樣便不會覺得他身上的煙味很臭。起初她只是帶著好奇模仿吸煙的動作，沒有真的把煙吸下去，過了一陣子她卻真的愈抽愈多，甚至上了煙癮，每天也要抽一包煙。

解決了吸煙的分歧，二人的暗湧卻沒有減輕。他們一起了半年後，Eddy 晚上有時不能陪她，原來 Eddy 結識了一班新朋友，那些男男女女晚上會聚在一起飲酒。小妍不放心男友與其他女生混在一起，便決定陪他去玩通宵。

家人早因為發現小妍吸煙而跟她鬧得很不愉快，當她開始晚歸，母親更說要禁止她與這個男生交往。熱戀中的小妍當然不聽勸告，她問男友怎樣解決家人關係，Eddy 說：「是時候反叛了啊！他們煩你便打他！」於是，當母親攔住她外出，她真的與母親大打出手，有一次母親甚至哭著拿刀要脅她說要自殺，小妍不知所措地逃出家門後，便索性不再回去。

跟男朋友一起生活後，小妍幾乎每天的日子也是和男友一起出去喝酒，多去幾次後便發現那些人原來也有吸毒的習慣。男朋友也不再瞞她，直接在小妍面前吸食毒品。小妍心想，既然可以為他吸煙，毒品也沒差吧，為了接受男友吸毒，她自己也吸起來。

小妍的心願很簡單，她只是想男朋友陪在身邊，然而即使同住，Eddy 的心卻離她愈來愈遠。有時她會從別人口中聽見 Eddy

玩喝酒遊戲時與其他女生親熱，有時男朋友會不知所終，讓小妍心痛不已。

當小妍跟 Eddy 因為這些事情爭吵，Eddy 便會説分手，小妍不想離開 Eddy，唯有默默忍受。小妍身旁的朋友一再勸她分手，然而，小妍無法想像失去 Eddy 的日子。她甚至會找那些與 Eddy 曖昧的女孩，求她們不要再與 Eddy 聯絡。Eddy 一會兒對小妍愛理不理，一會兒又説甜言蜜語，讓小妍陷入苦戀。

來不及後悔

在與 Eddy 分分合合時，小妍有時會回家住，父母見小妍回家便不再責怪她，希望有一天女兒迷途知返。然而，母親最擔心的惡夢還是發生了，媽媽發現小妍月經遲來，便為她買了驗孕棒。

突然得知肚子裡有一個小生命，小妍嚇得一片空白，只知打電話給男友。誰知 Eddy 比他更害怕，更因擔心會被警察捉走而躲了起來。男朋友失聯，小妍只好自己面對懷孕的衝擊。當時二人都未夠 16 歲，媽媽建議讓小妍立即到醫院進行人工流產手術。在醫院的時間，媽媽每天也帶食物來探小妍，希望她的身體好受些，也安慰她不要害怕。

小妍在醫院苦等 Eddy 的消息，誰知男友致電，只是要說分手。她沒想過，自己在醫院面對這些事情，男朋友卻毫不關心，更如常和朋友出去飲酒玩樂。小妍在醫院每天都不停哭，流下心痛又後悔的眼淚。

手術的一刻終於到來，在注射麻醉藥之前，小妍整個人都在顫抖，她看見未成形的胎兒由她身體取走，那一刻她覺得很對不起，抱歉讓一個小生命這麼無辜地消失在世上。手術完成後，就剩下腹中久久不能散去的痛楚。

直到那一刻，小妍仍然很想念 Eddy，希望一切回到從前一樣就好。當小妍說掛念 Eddy，Eddy 卻只關心自己會不會被起訴，冷淡的回應一次又一次傷她的心。這時，她想到母親這段時間的悉心照顧，最疼惜自己的父母一直在身邊，自己卻為了一個不珍惜自己的人而讓父母心痛，讓小妍既感動又愧疚。

▲ 經歷了一切之後，小妍更明白家人的愛，享受與家人相處
的時光。

放下過去

出院後，小妍獲安排進入青少年宿舍。那段期間，前男友因生事而被判入男童院。她也趁此機會放下 Eddy。住在宿舍期間，爸爸常常打電話給小妍，又買她喜歡的東西送給她。經歷了這麼多，她終於明白家人對自己的關愛。

小時候，家人總是忙於工作沒空陪她，小妍一直以為父母不愛自己，所以長大後，遇上一個說愛自己的人，便不能自拔。從宿舍回家後，媽媽每晚睡前也會對小妍說「我愛你」，讓小妍十分感動，也覺得從前的自己很傻。

Eddy 離開男童院後，一如以往又再找小妍求復合，說不能放下這麼久的感情。她想起自己曾傷害家人、想起朋友們的勸告、想起為他吸煙和吸毒，她便告訴自己一定不可以回去從前的日子。

時間總會讓傷痛癒合，小妍走出了初戀的痛，她決定不再依賴愛情，專心找尋自己的志向。現在她正修讀美容課程，也希望了解設計相關的知識。

以前，當小妍情緒低落時，會很依賴情人的陪伴，經歷這些事情後她學會了慎選伴侶，遇到問題會找父母和社工姐姐傾訴，小妍覺得，將苦惱說給長輩聽比找朋友傾訴更好，因為當感覺到對方的關心和安慰，情緒便會回復平靜。

▲ 小妍找到自己的興趣，希望未來在動物機構照顧寵物。

真正的獨立不是遇到問題時孤軍作戰，而是找合適的人支持自己一起面對問題。今天的小妍不再被情所困，她已找到真正的心靈自由，踏上屬於自己的人生路。

08

綁架

一定要腳踏實地，
不要走偏門和捷徑。

綁架

阿軍被三個人綁在黑暗的房間之中，全身早已遍體鱗傷，沾了血的眼角看著眼前的手提電話。他只有兩個選擇，打電話叫家人救他，還是在這裡被人打死。回想起當初怎樣走上這條路，如果可以再選擇一次，他一定不會走到這一步⋯⋯

推到邊緣的少年

阿軍是個聰明的小孩，功課做得很快，完成作業後，覺得沉悶便在班上找人聊天，成為老師眼中的壞小孩。老師討厭他，他也討厭老師，連同讀書與學習都失去興趣了。在家裡，由於父母很早離異，照顧他的是爺爺奶奶，雖然爺爺奶奶很疼錫他，但也不會跟他講道理，做不對便是罵和打。有時他也會想，為甚麼同學們都有媽媽，但自己沒有？雖然爸爸是他的撫養人，但爸爸卻不常與他溝通，很多內心的問題也沒有人解答。

隨著阿軍慢慢長高，那時爺爺奶奶也七十多歲了，再也打不動他。他開始不介意父母的事，只要有朋友，生活也可以很快樂。成長以來，他只知道做了某些事會被打，所以做了不被人知道就好了，從來沒有人告訴他對和錯背後的原因。

升上中學後，阿軍其實對學習很有興趣，尤其是化學、物理等科目，他不抗拒讀書，卻很抗拒與學習相關的約束。他討厭老師常常懲罰他，受到懲罰他便更討厭那些規則，他愈是不守規則老師又再加重懲罰，老師甚至拒絕讓他參加喜歡的田徑活動，使阿軍連學校最後的歸屬感也沒有了。原本他只在校外抽煙，但反正怎麼做也是被罰，後來他便開始在學校抽煙，他在學校裡感到沒有空間，便轉而到校外找尋朋友圈子，結識了一班新朋友。

兩年黑暗時光

與朋友相處讓他感到很放鬆，而這班朋友都有一個共同嗜好，就是吸食各類型的毒品。中三之後，阿軍離開學校，每天也與這班朋友在一起，自然跟他們一起吸毒，他說數得出能在香港找到的毒品，他也試過，當中影響他最深的是冰毒。吸食冰毒的反應是會很專心地進行一件事情，有些人會去打遊戲機，有些人會去畫畫，而阿軍會做的，卻是繼續「僕冰」，不知不覺間，一「僕」就是數小時。

▲ 阿軍回想過去，他的生活只有毒品，其他東西也一片空白。

阿軍形容，當時他所吸食的分量十分瘋狂，他一兩天時間便會吸光上癮多年的人一周的分量。他試過連續兩星期不眠不休，迷迷糊糊地坐在朋友家中，意識清醒時便不停吸毒。直至突然感到腦部充血，然後休克倒在地上。個子高高的他，當時體重降至 40 公斤，整個臉也陷了下去，卻長期沒有胃口。那時他才意識到，原來這就是毒癮。

那段時間是阿軍生命中最黑暗的日子。為了吸毒，他不擇手段，起初是問家人拿錢，後來更是不問自取，家裡沒錢便問人借、甚至想盡辦法編故事騙財。那些錢還是不夠他買毒品，他便開始運毒。交收貨物也需要精神和氣力，毒癮發作時他根本出不了門，阿軍想不了那麼多，一口氣便把原本要給客人的貨品吸清光，然後索性逃亡，找地方躲起來。

黑勢力是一個陷阱，他們想你加入時會與你稱兄道弟，供你吃喝玩樂，反目後會完全變臉，兇殘得不能想像。阿軍偷了貨品，黑幫中人便向阿軍所有朋友施壓，恫嚇他們供出阿軍的位置。很快便把阿軍捉回來，先痛打了他一頓，見他快要昏倒，便把他拖至一個密室之中。那班人打到他怕了，才開始跟他討價還價，要他打電話給家人，交出金錢才能放人。

「我見到兒子，便立即付錢給你。」阿軍的父親不肯退讓，雙方拖拉了很久。終於那班人放了阿軍。爸爸向親戚借了錢，見到阿軍安全回家，便向那班人還了錢，事件才暫時告一段落。

追回失去的時間

弄出了這件大事，阿軍對著爸爸無地自容。由中三退學起，阿軍沉淪毒海已兩年多，其實爸爸早知他毒癮很深，除了把他的吸毒用具丟走之外，便不知可以怎樣幫助兒子。今次爸爸安排了阿軍住進親戚的村屋，那處遠離市區，阿軍要拿到毒品也不容易，希望這次兒子可以戒掉毒癮。阿軍自問即使自己如何放棄人生，底線是不能給家人帶來麻煩。他很後悔這次事情讓家人擔驚受怕，於是決心戒毒。

住在村屋的兩個月裡，阿軍寸步不離，沒再接觸毒品，精神與體力也漸漸恢復，他開始想通了很多事情。突然醒覺到自己白白浪費了兩年光陰，甚至因為吸毒錯過了陪伴爺爺走最後一段人生路的時光，爺爺離世後，他懊悔不已。阿軍想起爸爸多年來對他默默的關心和支持，決定回到市區後重返正行，不再過從前頹廢的日子。

十八歲時，爸爸突然問他：「想見親生媽媽嗎？」

阿軍覺得一見也無妨，他早已對「媽媽」兩字沒有感覺，只當多認識一個人而已。緣分十分奇妙，他與媽媽相約見面飲茶，媽媽帶了阿軍同母異父的弟弟出來一起見面，阿軍才發現，自己原來一早認識自己的親弟弟，只是他們都不知道對方是自己的兄弟。而且，阿軍更是在毒品圈子裡認識弟弟，弟弟正在走他從前踏過的路。

阿軍知道當時有人在引誘弟弟販毒，他不想弟弟和他一樣失去寶貴的時間。自己的時光失去了不能領回來，但他可以阻止弟弟不要犯同樣的錯誤。他知道當局者迷，當時弟弟一心急著想賺錢，無論別人怎樣打罵也沒有用，一定要由他的角度出發，平心靜氣地傾談，才能讓少年迷途知返。

阿軍他跟弟弟說：「我當時每兩三日便會被警察搜身，他們是知道的，大部分人在三個月至半年便會被捉到要坐監，計坐十年吧，如果你做正行可以賺兩萬元一個月，十年便是二百四十萬。也即是說，你要在被捉之前每個月賺到八十萬才能抵銷，你覺得做得到嗎？」弟弟聽了這番話後，冷靜下來想便知道不值得，最後打消了賺快錢的念頭，也決定不再吸毒，這讓阿軍感到很安慰。

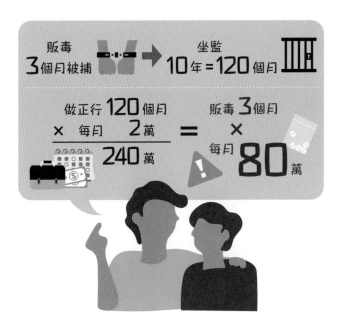

經歷了這麼多事情，阿軍成長了很多，開始明白成年人的苦心，也學會了沉著氣，不再衝動。然而，吸毒的後遺症仍然影響著他，影響了思考能力和記憶力。他現在不再在違法事情中冒險，但他也可以正面發揮敢勇的性格。現在他報讀了消防課程，雖然念書比從前吃力得多，需要看很久才能記入腦，但他仍然不放棄，期待日後成為一個消防員，在火場中英勇救人。

▲ 從前阿軍的日子一片黑暗，現在他活在光明之中。

正向思維三級制

開心可以造出來?

可以造出來的開心?

胡潔瑩博士,JP

香港青年協會理事會成員
衛生署認可臨床心理學家名冊會員
香港心理學會院士

正向思維三級制

開心可以造出來？可以造出來的開心？

胡潔瑩博士，JP
香港青年協會理事會成員
衞生署認可臨床心理學家名冊會員
香港心理學會院士

感謝大會給予空間讓我分享有關青少年正向思維與精神健康的題目。在這裡讓我們簡單、直接點用「開心」一詞來代表正向思維這個比較學術的詞語。開心可以解作為一種輕鬆愉快的情緒，亦可以包含打開心窗、開懷、心胸廣闊的意思。

大部分人在大多數的時間都希望可以開開心心地生活。更重要的是開心是可以造出來的！這裡分享三種不同級別造開心的方法，讓大家測試一下。

第一級是演出來或 chok（擢）出來的開心。是用微笑和身體姿勢帶動出來的。我們開心時，面容會變得輕鬆，嘴角會微笑，這是因情緒而帶動出來的微笑。相反地我們亦可以用刻意擢出來的微笑而令自己心情變得輕鬆一點。這種擢出來的開心是有心理學研究結果支持的，大家不妨用一兩分鐘測試一下。先刻意地在面上掛着一個微笑，然後觀看身邊一些美好、自己喜歡的事物。試留意一下在這一兩分鐘自己在想甚麼？心情是否愉快了一點？

這一級造開心的方法當然也包括做運動可帶動的腦部和身體舒暢的反應。相信大家也感受過創作、藝術、觀賞、與合得來的朋友一起、用時間學習和投入興趣等等這些各種可以令人開心的事情。如果大家曾經有用這第一級的方法成功製造更多開心，請把它記下來，當有需要時便可以拿出來提醒自己如何可以給自己造一些開心出來。

相對第一級用活動來造開心，第二級造開心的方法是較為要動腦筋來帶動的。是用辯證的方式，跟自己辯論。比如最常見的一些令人頹喪、憤怒和煩惱的思想包括有：「我真的是個沒有用的人」、「我完全失敗，以後再站不起來」、「沒有任何人明白、關心、喜歡我」、「完全沒有解決的方法、永遠也沒有」等等……老實說，當我寫這些極端負面的句子時，人也感到灰暗了。第二級造開心的方法便是要與這些負面的想法博弈，像是下棋般要一步一步的化解、明辨、抽出它不合理之處。用生活實證的例子去打破這些極端的負面思維。

試想想何謂一個「有用」或「沒有用」的人？人之所以有用是可以單憑學業成績、職業、金錢來界定嗎？是用單一時間的成就來結算嗎？大家可嘗試用一兩分鐘想一想，人有甚麼內在的質素會可視之為有用。在你的答案中可否也考慮善良、友善、願意幫助他人、願意嘗試……等等。

只要我們找到一個例子便可以擊破那些「永遠」、「以後」、「完全」等等的極端、絕對和使人感到沒有希望不開心的想法。

對了，正是一些「我可以如何」的想法便可能把開心造多些出來。

請大家試試填充以下句子：「我可以嘗試……」、「我可以學習……」、「我可以等待……」、「資訊便是力量，我可以向……查詢有關資料」、「我可以找……商量……」。感受到有可能便不一定是絕對嗎？

第三級造開心的方法可說是三級之中所謂「兒童不宜」的。是曾經滄海而重新出發的生活體驗所鍛鍊出來的。是先敗以後勝，火鳳凰般的傳奇。是在錯誤中吸取教訓、學習、而且沒有放棄自己，並能夠勇敢地重新出發、堅持想要做好自己的信念。

在重新出發青年嘉許計劃 2022 的每一位接授嘉許的青年，都是每一個傳奇故事的主角。每一位所親身經歷過，分享如何自我反省、轉念、並以行動和生活來堅持「我可以如何……」的可能性，都是活生生造開心的實證例子。請大家好好品嚐每一個故事，並從中找到造開心的材料和力量。

青少年犯罪趨勢與價值教育

崔永康教授

香港青年協會青年違法防治中心義務顧問
香港理工大學應用社會科學系系主任

青少年犯罪趨勢與價值教育

崔永康教授

香港香港青年協會青年違法防治中心義務顧問

香港理工大學應用社會科學系主任

近年，本港整體罪案率呈下降趨勢，但毒品及三合會相關罪行反而於近三年持續增加，而上述罪行有部分牽涉青少年的參與，情況值得關注。根據撲滅罪行委員會報告書（2020）指出，比起 2019 年的 1,014 人，2020 年有 1,824 人因干犯嚴重毒品罪行而被捕，例如販運、製造和藏有危險藥物，其中有 276 人是 16 至 20 歲的青少年，佔總數近一成。整體而言，在 2020 年的被捕人士中，有 318 人為 21 歲以下的青少年，較 2019 的 144 人上升 120.8%。

與案件數字成正比，青少年吸毒人數也有上升。根據禁毒處的資料，被呈報的吸毒總人數持續下降，但青少年吸毒有所增加，需要加強關注。毒品種類方面，海洛英、甲基安非他明（俗稱「冰毒」）和可卡因為 2021 年首 3 類最常被吸食的毒品，而 21 歲以下青少年最常吸食的毒品則是大麻、可卡因和氯胺酮（俗稱「K 仔」）。首次被呈報的吸毒人數方面，2021 年的人數為 1,979 人，較 2020 年的 1,596 人上升 24%（頭條日報，2022）。

隱閉吸毒問題亦成為青少年禁毒工作在近年的挑戰。過往不少青少年聚集於街頭或酒吧等場合吸食毒品，近年因疫情發展，在首次被呈報的個案中，吸毒者最普遍的吸毒地點為「只在自己或朋友家中」，讓社工及青年工作者更難發現和跟進。

除了毒品問題，三合會相關罪行亦值得關注。2021上半年有1,519名10至20歲青少年被捕，涉及與三合會相關罪行者佔368人，較往年增加近一成（香港特別行政區政府，2021）。相關罪行的增加相信與經濟環境有關：香港在過往的確有一段三合會罪行較少的時間，主要是因為當時經濟環境較好，相關組織傾向經營合法生意，例如酒吧及娛樂場所；隨經濟及社會環境轉差，非法活動如高利貸、行劫等會傾向較頻繁發生，犯罪數字亦因而有所提升。

青少年犯罪的背後原因有幾點。第一，他們處於探索期，較願意冒險，因而容易衝動犯罪。第二，他們從事正規行業賺錢的機會比成人低，較易被非法行業招攬，誘使其「搵快錢」；第三，社會上的物質引誘愈來愈多，消費文化使青年因為物質追求而冒險「搵快錢」。近代社會的家庭結構比過往複雜，離婚個案上升，出現更多父母各自重婚或再有小孩的「重組家庭」，

情況比單親家庭更為複雜。各種複雜背景下成長的青少年或因得不到充足的關愛，適切的管教與陪伴，而在三合會與毒品相關罪行提升的環境因素下更易受到影響，最終導致犯罪。

犯罪的青少年傾向有若干的同通點，多被標籤為「三低」青年（低學歷、低動機及低技能）。具有這些高危條件的青少年較為容易墮入陷阱，或願意鋌而走險去做非法行為。以往社會較早為青少年分流，例如以實用中學輔助無心向學的年青人及早學會謀生技能，增加其奉公守法的條件。但當代的教育制度包容性比以往更低，純以學業成績判斷能力，使更多青少年被標籤為失敗或者叛逆，反而推動他們從犯法行為獲取認同或者滿足。這些青少年也受社會轉型影響，隨著非技術／低技能行業逐漸式微，他們在職場更易被淘汰，使其進一步被邊緣化。

要讓青少年犯罪問題減輕，應由兒童開始實行價值教育。政府可提供更清晰的價值教育指引，按不同年齡的情感智商理解力向學生有系統地施教。包括啟發青少年的自我認識、協助他們建立目標、實踐理想，以及追求正向價值。近年，正向教育逐漸發展，但青少年在目前的應試教育文化下過度重視學業成績，難以透過有限的正向教育活動思考及察覺自己的需求，使正向教育整體成效不彰。

除了從小培養正向價值，協助不幸受到負面影響而曾經犯罪的更新青年重返正軌，也是社會的重要責任。缺乏學歷、動機、技能的青年一旦被標籤為罪犯，將進一步失去希望、信心與整體幸福感。作為社會工作者，我們希望年青人相信，就算犯了事，只要能從錯誤中學習、認清目標、尋回內在動力，一定可以改變自己的未來。年青人能不能改過自新，取決於他們願不

願意去探索其他可能性，以及能不能設立並履行適當的人生目標。其中，家庭、教育及社福界均扮演重要角色，宜透過多方面協作，鼓勵和製造機會讓年青人探索及實踐其目標。

這幾年間疫情持續，社會氣氛抑壓，希望年青人注重自己的情緒健康，多探索不同的事物，並培養正向成長的思維。在此寄語年青人：用愛、關懷和希望擁抱你的生活！

參考資料：

香港特別行政區政府（2021 年 7 月 27 日）。2021 年上半年治安情況。香港特別行政區政府：新聞公報。取自 https://www.info.gov.hk/gia/general/202107/27/P2021072700617.htm

撲滅罪行委員會（2020）。二零二零年撲滅罪行委員會第 40 號報告書。取自 https://www.sb.gov.hk/eng/pub/fcc/FCC_Report_40.pdf

頭條日報（2022 年 3 月 31 日）。青少年吸毒去年急增逾 4 成 最常吸食大麻及可卡因。頭條日報：港聞。取自 https://hd.stheadline.com/amp/news/realtime/hk/2324745/

輸在起跑線
贏在終點線

黃成榮教授

香港青年協會青年違法防治中心義務顧問
香港城市大學社會及行為科學系教授

輸在起跑線
贏在終點線

黃成榮教授

香港青年協會青年違法防治中心義務顧問
香港城市大學社會及行為科學系教授

我從小學一年班開始就成績一般，在測驗和考試中，大部分學科僅是合格。還記得在一年級學期終結的手冊內，班主任曾寫著「多言」，而且在升班項目中寫著「試升」，這是自己在小學生活中一個很深刻的印象。試升令到我有點兒自卑，除了成績不好，自己閱讀中英文時偶然會出現左右倒轉或上下倒轉的情況。比方說，當我見到一個人的姓名後，姓名原本是「陳家興」，但在我腦中可能出現「陳興家」；有時看到一些店舖招牌名字也會左右倒轉的，長大後漸漸明白為何老師總認為我是一名讀書不專心的孩子！

坦白說，我們在當年是沒有甚麼「讀寫障礙」的理解，如果有的話，可能自己是處於所謂「讀寫障礙」的邊緣。從二年班至六年班，成績一路落後，總是在較弱的一群。雖然自己被很多老師看不上眼，但體育老師卻選了我進入體操隊受訓，自己從小就代表學校出席運動或遊戲比賽，而且在一些項目中獲獎。在小五至小六時，老師更選拔了我為排球隊的成員，自己在運動能力上總算是被肯定了。自信心是挽回了一些，但學術成績都只是剛剛合格。幸好因為自小就加入了教會，在周末常常參加團契及主日學，經常得到教會牧師和導師的關懷，過著開心快樂的童年。

在 1972 年，當我面對升中考試時，在當中只考三科，以最低分為 5 分，最高分為 1 分，我的成績仍然是強差人意，中英數分別為 5-5-4，即是包尾。當時有一些學童是會因成績不達標而沒有津貼學位的，我就是其中一位。當時自己唯有硬著頭皮，自行找私立學校入讀。當時的私立學校學費是比津貼學校貴一倍，家境困難的我總感到很對不起父母。然而，在亂打亂撞之情況下，我卻進入了一所英文中學，雖然辛苦，反而為我日後打好了的英文的基礎。在當時，入讀私校者來自各式各樣的背景，有一些更是無心向學的學生，很多家長並不喜歡這類學校。在中一至中三時，我也曾與學業水平差的同學走在一起，放學後三五成群到公園踢波、玩啤派，學術成績僅可升班。

至中四時，很多老師鼓勵我說：「中四一定要加倍努力，中五就要考公開試了，再不努力便無前途。」我可能日有所思，當晚就發了一個惡夢，夢見自己四十歲，屋內漆黑一片，外面陽光普照，然而全屋空無一人，強烈地感覺到自己四十歲時將會

是一事無成。當晚醒來，大哭一場，立刻跪在床邊祈禱，求上帝幫助。從中四起，自己就下定決心，每晚都留在房間努力溫習，發奮追回以往失去的成績，最後在中學公開試的成績算是過得去。其後升讀了中六及中七，兩年後的大學入學試雖然合格，可惜當時只得兩所大學（即香港大學及中文大學），因學位不夠便沒有立刻唸大學去。

中七畢業後，我加入了香港小童群益會擔任全職之福利工作員。做了一年後，覺得沒有專上文憑似乎不能與人競爭，便入讀了香港樹仁學院的社會工作學系。四年的學院生涯轉眼便過，最後以榮譽生畢業，從此離開了學術失敗之陰霾。

大家可能有所不知，我在接受社工訓練中，全部實習均取得 A 級成績，證明了自己的實務學科是比理論學科強。我也發現自己在大學時期的成功，不只是單靠考試，而是靠寫論文取得好成績，似乎我們都可以將勤補拙，以最好的能力與人比併。不少教育研究也發現如果在限時的考試制度下，有些朋友永遠不

會贏，但如果他們可以靠資料搜集或其他專業技術，給予他們足夠時間去做論文或專案，這些朋友表現一樣超卓。這道理說明了天生我材必有用，世上有一班朋友的學習及生產方法是獨特的，只是社會能要給予合理的時間和資源，每人都可以為社會作出貢獻。

我在樹仁學院以優異成績畢業，正式成為社工，其後到了英國修讀碩士，回港後擔任幾年社工便加入大學任教，一面做一面讀，在 38 歲取得博士學位。回想過去，一個平平無奇的小學生至今成為教授，雖然輸在起跑線，只要不自卑、不放棄、願意比別人付出幾倍的努力，加上上帝的恩典，是可以衝破了障礙的。

的確，目前有些青少年在學術上頭頭碰著黑，考不入大學，好像人生沒有了希望般。其實，在香港眼見有很多學習的機會，例如接受文憑及副學士的訓練，其後再接駁大學完成大學學位；或做一些全職，一邊做一邊讀也是有一條出路。我們有終身學習的態度，就不需要擔心。只要人生積極，有自信心，心存善良的心懷，一定可以成功的。

「終身學習，永不言敗，堅持不懈，成功在望」，這金句是我送給本年度重新出發青年嘉許計劃的青年及社會上仍然感到迷失的青年，希望他們在經歷生活上的不如意後，一定能夠「重新出發」。

追求生命意義、活出精彩人生

譚巧蓮博士
香港城市大學社會及行為科學系副教授及副系主任

追求生命意義、
活出精彩人生

譚巧蓮博士
香港城市大學社會及行為科學系副教授及副系主任

阿欣在中產家庭成長，父母親大學畢業，同為專業人士，對阿欣的學業和成長當然有極高的期望。阿欣從小入讀傳統學校，除每天完成正規課程外，還有課餘補習及各式各樣的興趣班，例如畫畫、樂器訓練、學習珠心算等，時間表填得滿滿的。面對父母的期望及栽培，阿欣當然感受到父母的疼愛，亦希望自己能夠達至父母的期望，她努力讀書，忙於學習不同的東西，完成每天的時間表。另一方面，父母的期望亦為阿欣帶來無比的壓力和迷茫，父母希望她能夠入讀香港最好的大學，成為專業人士，一家人又可以成為校友。阿欣按照父母期望，升上高中，主修科學，為未來入讀大學鋪路，然而，阿欣卻對自己的未來感到十分迷茫。雖然學業成績不過不失，但自己對科學根本沒有太大興趣，醫生、律師、會計師都不是自己的理想。身為獨生女，在家根本沒有人可以傾訴，每次跟父母討論自己的未來，都不能把自己的想法及疑惑如實告知。

結果公開考試放榜，阿欣的成績只屬中規中矩，未能滿足父母希望她入讀香港最好的大學、成為專業人士的期望。為尋求更

好的教育機會，父母打算送阿欣出國留學，繼續邁向專業人士的道路。在選擇海外升學的過程中，阿欣決定向父母表明自己在升學就業上的想法，希望入讀與藝術發展相關的課程。當然這些想法跟父母期望有很大落差，父母亦不斷游說阿欣為前途再三考慮大學選科的問題，但經過中學選科的經驗，阿欣明白勉強自己修讀不喜歡的科目，結果自己辛苦之餘，亦未必能取得好成績。經過仔細思考，阿欣選擇到加拿大修讀攝影學士學位課程（Bachelor's Degree in Photography）。初時父母極力反對，擔心修讀攝影根本沒有前途，畢業等同失業。但阿欣為追尋自己的興趣及目標，明確向父母表明自己的意願，希望父母可以讓她發展興趣，為自己的未來作出抉擇及承擔責任。

在四年大學攝影課程中，阿欣參與不同的攝影活動和各類比賽，以交流生或實習生身分到過不同國家親身體驗，拍下不同國籍人民的生活狀況，取得不少攝影獎項，父母亦看得出她的自信及能力。大學畢業，阿欣很快獲得加拿大著名廣告公司聘任為產品攝影師（Product Photographer），她非常投入及熱愛自己的工作，公餘更積極投入教會的侍奉，並參與不同的義務工作，生活非常充實。

加拿大學者黃載寶博士及其研究團隊（Wong et al.，2010）發展的「意義中心取向模式」（meaning centered approach），引用意義治療（logotherapy）大師弗蘭克（Viktor Frankl）的學說（Frankl，1988），指出每個人都有動機去發掘和做自己覺得有意義的事（the will to meaning），無論環境順逆，人都渴望追求生命的意義（the meaning of life）和目標的生活，這亦是人類生存的動力。過程中，遇到困難、挑戰是無可避免的，正因為人擁有為自己作選擇的自由意志（the freedom of will），往往可以在面對困難、逆境中反思、學習，整理及轉化，為自己的生命帶來新的動力和意義。正如失落於公開考試的阿欣，考試挫敗的確使她十分失望，但與此同時亦令她重新思考自己的人生及未來的發展方向，意識到勉強自己完成父母的期望，最終未能發揮自己的潛能，生活往往在營營役役中、人云亦云地度過。這實在推動了阿欣按照自己的興趣及能力作出更適合自己的選擇，向父母表達自己的想法及意願，一步一步朝著自己的目標邁進，更積極投入生活，熱愛自己的生命。過程中，阿欣的父母亦明白到，每個人的生命、能力、意願都不一樣，對自己有意義的生命追求，對女兒來說只會帶來更大的壓力與失落。只有尊重女兒的興趣和選擇，讓她充分運用及發揮自己的才能，實踐及追求自己的生命意義，她會更懂得為自己的生命負責，活出精彩的每分每秒。

近年，受到新冠疫情影響，按照防疫措施、社交距離政策，人們需要留家工作、學生長期網上學習，社會經濟疲弱、人際關係逐漸疏離、社會活動減少，這些情況都容易令年青人在欠缺生活接觸、交流、溝通和支持下，感覺生活苦悶、空洞，甚至迷失方向。其實，面對世紀疫症，無人能置身事外，年青人的生活感受是真實的，無必要否認或逃避，但如果相關

情況持續，而未獲得適當處理，年青人的無助、空虛感會進一步惡化，障礙整體的個人發展和成長。隨著疫情逐漸緩和，正好讓年青人正面觸碰及處理自己的感覺，以疫情的自身經歷、體會，重新認識自己，檢視自己的能力、專長、興趣，反思生命意義，重拾對生命的熱誠。有見於年青人的發展需要，香港青年協會正積極與學者研究並引入「意義中心取向模式」，協助年青人從困難與挑戰中，重新認識自己、探索自我潛能，發掘個人的核心價值、發展方向和人生目標，認定個人的生命意義，即使在面對逆境，亦能懂得以積極、樂觀的態度應對，重拾生命的正能量。希望，年青人能把握不同的機會，朝向自己的目標，為自己塑造一個有意義的人生。

參考文獻：

Frankl, V. E. (1988). The will to meaning: Foundations and applications of logotherapy. Toronto: Meridian.

Wong, P. T. P., Nee, J. J. & Wong, L. C. J. (2010). A Meaning-Centered 12-Step Program for Addiction Recovery. http://citeseerx.ist.psu.edu/viewdoc/download?doi=10.1.1.708.9802&rep=rep1&type=pdf

三鐵人生

呂劍倫 Gary sir

三項鐵人教練

三鐵人生

呂劍倫 Gary Sir
三項鐵人教練

起跑線

大家嘗試閉起眼睛,幻想一下自己站在起跑線上,很冷靜地專注於自己的事情。面上掛上微笑,清楚自己已經刻苦訓練並做好了充分的準備,現在只係等開賽槍聲響起,就可以接受挑戰!

但現實真的是這樣嗎?還是你緊張得手腳也在發抖,心中忐忑的想著:「我做不到,想回家去」。事實上,我們都有懷疑自己的能力並對未來感到緊張的時候,但是如果你願意的話,可以通過訓練和比賽加強積極正面的態度來消除這種懷疑和焦慮。信心來自於自己有能力完成的事情。它建基於你進行的訓練,部分基於您的經驗,以及你如何衡量成功。

比賽

還記得 2013 年參加台灣墾丁「Ironman70.3」的賽事。比賽前一天拉傷了頸部,滿懷沮喪和失落。非常擔心能否出賽。唯一可以做的事情,只有祈禱。

比賽當天，由於海面上太大浪，把原來 1.9 公里游泳改為 6 公里跑步。因此賽程變成超長距離的陸上兩項鐵人，包括 6 公里跑步、90 公里單車和 21 公里跑步。

對於每跑一步也感到痛楚的我來說，這真是很大的挑戰。當然抱著硬頸的性格比賽，自然要承受著「硬頸」的痛苦。但隨著開賽前的氣氛影響，身體亦產生了變化，腎上腺素使我心跳加速、腦內啡使我的痛楚暫緩。

開賽的槍聲響起，痛楚亦隨著鐵人們的腳步聲躲藏起來。慶幸沿途有一眾戰友在旁配速，6 公里亦在如期時間完成。

雖然大風大雨、上山下坡、同時用不到計時賽的騎車姿勢，但無阻雄起起的心。希望能夠好好發揮花了最多時間練習的單車項目。首圈 48 公里花了 1 小時 20 分完成，尚算不錯。但隨著分秒飛逝，痛楚不斷加劇，每踏一下，痛楚也從腰部傳上肩膀，再從肩膀傳上頸部，再直達上腦。50 公里時，真的受不了，

哭了出來……我肯定這是我第一次在練習或比賽期間流淚。正當放棄的念頭出現時,一位學生的背影在眼前出現,淚水亦隨即收乾,加快腳頻,上前互相鼓勵一番。到達山頂時,單車有少許故障,我停下修理,繼續獨力戰鬥。時間再次飛逝,痛楚再次加劇,70公里時淚水再一次流下。放棄的念頭很濃烈,但從小到大,無論父母、老師、教練也沒有教過如何放棄,所以當了18年鐵人的我,不懂得如何放棄,只可忍痛繼續。

最後21公里跑步承受的痛楚相比騎車時的痛楚好多了。最少有雙腿抽筋陪伴著,分散了注意力。雖然負傷上陣,但沿途過了不少對手。步履亦愈跑愈順暢。完成在望,最後兩公里更加快速度,甚麼頸痛、腰痛也拋諸腦後!衝過終點,拿過完成獎牌後,鬆了一口氣,同時所有痛楚頓時全都回到身上,忍不住蹲下來哭了出來……

轉項

「人生不是一場百米競賽,而是一場馬拉松。」

這金句我不能完全認同,我認為人生更像一場鐵人賽(Ironman)。因為人生會有不同階段的改變,就好像三項鐵人比賽入面的轉項,由游泳轉單車,再由單車轉跑步的過程。技巧愈是純熟,需要的時間就愈短,過程更流暢。但是轉項快又不等如穩勝比賽,因為一場真正的鐵人賽是包括3.8公里游泳、180公里單車和42.195公里跑步。即使在游泳落後了,轉項也狼狽完成,但我們只要有信心,還可以透過單車和跑步一步一步追回來。

一場新冠疫情改變了許多人的生活習慣，對於三項鐵人運動員打擊更是嚴重。游泳池、運動場、沙灘關閉，戴著口罩跑步等等的轉變。參與訓練的學員逐漸減少。作為教練不斷改變訓練形式，單對單、小組、網上訓練系統、錄製影片等的方法，就是不讓運動員浪費了青春。

終點

三項鐵人聽起來已經感覺到十分辛苦，行動起來甚至有窒息的感覺。不單只要兼顧游泳、單車及跑步，每星期還有動輒十多個小時訓練。往往在清晨時分，別人依然沉睡在甜夢中，自己卻獨個兒去練習，忍受著太陽帶來的酷熱，也要不怕嚴寒跳進大海中。

作為一名鐵人運動員及教練，必須抱著「可以做到」的態度。因為一個有自信的人也會犯錯誤，如果在比賽中沒有達到自己預期的結果，應反思所發生的事情並做出調整，以幫助自己將來表現更好。

給自己的
藝術小空間 ✏️

閉上眼睛一分鐘，在腦內想像一下自己的樣子，
請畫出你心目中的你自己。

你快樂嗎？閉上眼睛時你想到甚麼？
每天抽一點時間與自己相處，留意自己的心情變化，
可以減輕壓力，讓情緒更健康。

給自己的
藝術小空間 ◄▬

有甚麼事情會讓你感覺到快樂？把他們畫下來吧。

不時想想快樂的事情，可讓生活更加正面。
讓快樂的回憶成為前進的力量，給自己打打氣！

給自己的藝術小空間

給自己的
藝術小空間

閉上眼睛一分鐘，想像一下你理想的未來，
把你夢想畫下來吧。

目標看似遙遠，但把遠大的願景分成一個一個的小目標，
不要心急，給自己充分的時間實踐計畫，
一步一步向著夢想進發吧！

給自己的
藝術小空間

想想心目中重要的東西，一項一項畫出來吧！

生活中重視的東西有很多，但時間是有限的，
不可能一次過兼顧所有事情，
我們要為事情的重要性分次序，不要逼得自己太緊！

給自己的
藝術小空間

如果給你一個假期，你想做甚麼事情呢？

在百忙之中，也要抽點時間讓自己放空一下，
即便無法立即享受一個假期，
但想想快樂的事情，也會讓心情輕鬆一點！

給自己的藝術小空間

香港青年協會簡介

香港青年協會
(hkfyg.org.hk | m21.hk)

香港青年協會（簡稱青協）於 1960 年成立，是香港最具規模的青年服務機構。隨著社會瞬息萬變，青年所面對的機遇和挑戰時有不同，而青協一直不離不棄，關愛青年並陪伴他們一同成長。本著以青年為本的精神，我們透過專業服務和多元化活動，培育年青一代發揮潛能，為社會貢獻所長。至今每年使用我們服務的人次接近 600 萬。在社會各界支持下，我們全港設有 80 多個服務單位，全面支援青年人的需要，並提供學習、交流和發揮創意的平台。此外，青協登記會員人數已逾 45 萬；而為推動青年發揮互助精神、實踐公民責任的青年義工網絡，亦有超過 25 萬登記義工。在「青協 • 有您需要」的信念下，我們致力拓展 12 項核心服務，全面回應青年的需要，並為他們提供適切服務，包括：青年空間、M21 媒體服務、就業支援、邊青服務、輔導服務、家長服務、領袖培訓、義工服務、教育服務、創意交流、文康體藝及研究出版。

e·Giving

青協網上捐款平台

giving.hkfyg.org.hk

香港青年協會
青年違法防治中心
簡介

香港青年協會
青年違法防治中心
簡介

香港青年協會致力培育青年知法、守法。「青年違法防治中心」透過核下地區外展社會工作隊、深宵青年服務及青年支援服務，就邊緣及犯罪青少年經常面對的三大問題，包括「犯罪違規」、「性危機」及「吸毒」，提供預防教育、危機介入與評估，以及輔導治療；另外亦推動專業協作及研發倡導。「青法網」和「違法防治熱線81009669」，為公眾提供青少年犯罪違規的資訊和求助方法。青協於上環永利街亦為有需要的青少年提供短期住宿服務。

「重新出發」
青年嘉許計劃
簡介

「重新出發」
青年嘉許計劃簡介

香港青年協會青年違法防治中心舉辦「重新出發」青年嘉許計劃，旨在表揚和嘉許勇於改過自新、重新振作，願意以積極態度投入社會的青少年；同時亦希望藉着他們的故事，勉勵其他青少年奉公守法，建立健康人生。

青少年能成功改變過來，總有一些原因。除家人的支持、社工的引導外，往往還包括工作和進修機會、外界的接納等。我們希望藉此計劃，引起社會人士對邊緣青少年的關注，並期望能為他們提供更多機會，讓他們重新出發。

荃灣獅子會及荃灣獅子會慈善基金簡介

荃灣獅子會及
荃灣獅子會慈善基金
簡介

荃灣獅子會由不同界別的社會賢達所組成，積極推動慈善項目造福人群。為進一步發展善業，特別創立荃灣獅子會慈善基金(下稱本會)。

本會旨在為社會上不同需要之人士提供適切援助及服務，締造美好社群。本會凝聚來自不同行業、熱心公益之社會賢達，共同為建設美好香港而努力，並積極響應國際獅子總會。

四大服務方向，包括：
1) 保護環境
2) 鼓勵青少年參與
3) 救助飢餓
4) 分享視覺

重新出發 VII

出版： 香港青年協會

訂購及查詢： 香港北角百福道 21 號
香港青年協會大廈 21 樓
專業叢書統籌組

電話： (852) 3755 7108
傳真： (852) 3755 7155
電郵： cps@hkfyg.org.hk
網頁： hkfyg.org.hk
網上書店： books.hkfyg.org.hk
M21 網台： M21.hk
版次： 二零二二年五月初版
國際書號： 978-988-76279-0-6
定價： 港幣 90 元
顧問： 何永昌
督印： 陳文浩
編輯委員會： 李少翠、陳詠揚、何淑儀、林正弦
鳴謝： 施禮賢、胡潔瑩、黃成榮、崔永康、譚巧蓮、呂劍倫
執行編輯： 周若琦
製作： 在地文化
訪問及撰文： 朱鳳翎
設計及排版： loka

Turning Point VII

Publisher: The Hong Kong Federation of Youth Groups
21/F, The Hong Kong Federation of Youth Groups Building,
21 Pak Fuk Road, North Point, Hong Kong
Price: HK$90
ISBN: 978-988-76279-0-6

青協 App
立即下載